Analiza książki

Człowiek, który sadził drzewa

Jean Giono

ANALIZA KSIĄŻKI

Napisany przez Marine Everard
Przetłumaczony przez Kâmil Kowalski

Człowiek, który sadził drzewa

· ·

Jean Giono

JEAN GIONO

PISARZ FRANCUSKI

- **Urodził się w Manosque (Francja) w 1895 r.**

- **Zmarł w Manosque w 1970 r.**

- **Godne uwagi prace:**

  ○ *Pieśń o świecie* (1934), powieść

  ○ *Mocne dusze* (1950), powieść

  ○ *Jeździec na dachu* (1951), powieść

Jean Giono był francuskim pisarzem i filmowcem, który urodził się w Manosque w 1895 roku. Po zaciągnięciu się do wojska w 1914 roku i głębokim wstrząsie spowodowanym doświadczeniem wojny, stał się zdeklarowanym pacyfistą, do tego stopnia, że w 1939 roku został uwięziony za napisanie pacyfistycznych tekstów, a następnie niesłusznie oskarżony o kolaborację z nazistami, co przyniosło pewien mrok jego późniejszym dziełom. Zmarł w 1970 roku.

Jego twórczość powieściowa naznaczona jest głębokim humanizmem, kultem przyrody i życia wiejskiego oraz wojny. W centrum swoich rozważań stawia kolejno człowieka i naturę. Giorno jest autorem *Wzgórza przeznaczenia* (1929), *Do rzeźni* (1931), *Pieśni świata* (1934), *Radości pożądania człowieka* (1935), *Mocnych dusz* (1950) i *Jeźdźca na dachu* (1951).

CZŁOWIEK, KTÓRY SADZIŁ DRZEWA

"SPRAWIĆ, BY SADZENIE DRZEW BYŁO LUBIANE"

- **Gatunek:** opowiadanie

- **Wydanie referencyjne:** Giono, J. [bez daty]. *Człowiek, który sadził drzewa*. [Online]. Trans. Doyle, P. [dostęp: 24 października 2016]. Dostępny w: <http://www.perso.ch/arboretum/Man_Tree.htm?Submit.x=20&Submit.y=5>.

- **Pierwsze wydanie:** 1953

- **Tematyka:** ekologia, natura, szczęście, życie, harmonia

Człowiek, który sadził drzewa to opowiadanie Jeana Giono, które zostało napisane dla magazynu *Reader's Digest* w 1953 roku na temat "najbardziej wyjątkowej osoby, jaką spotkałem". Autor opowiada o podróży Elzéarda Bouffiera, samotnego pasterza, który przywrócił życie opuszczonemu regionowi pustyni po prostu sadząc drzewa. Autor chciał, aby jego tekst był wolny od opłat licencyjnych, aby mógł jak najlepiej spełniać swoją funkcję i "uczynić sadzenie drzew przyjemnym". Tekst ten objechał cały świat i stał się motorem wielu inicjatyw ekologicznych. Wydaje się, że obecnie zalicza się go do literatury dziecięcej, choć nie był pisany z takim zamiarem, i ujawnia niespodziewaną na pierwszy rzut oka głębię znaczeniową.

STRESZCZENIE

W latach 1913-1945 narrator przywołuje swoje spotkania z Elzéardem Bouffierem, starym pasterzem, który w Alpes-de-Haute-Provence nieustannie sadzi drzewa, dzięki czemu ten pustynny region stopniowo odradza się i wraca do niego życie.

W 1913 roku narrator odbywa wędrówkę na północy Alpes-de-Haute-Provence, w jałowym i odludnym krajobrazie, przez "ziemie jałowe i opuszczone". Spotyka milczącego staruszka Elzéarda Bouffiera, który pozwala mu napić się ze swojej kolby i przenocować w swoim kamiennym domu, który sam odrestaurował. Zaintrygowany drobiazgową pracą pasterza, który sortuje i przygotowuje żołędzie przed snem, towarzyszy mu, by następnego dnia wyprowadzić owce na wypas. W rzeczywistości mężczyzna poświęcił się sadzeniu drzew przez ostatnie trzy lata, aby przywrócić życie temu pustynnemu regionowi zdominowanemu przez śmierć i spustoszenie.

W następnym roku narrator zostaje zaciągnięty do wojska i wyjeżdża na front. Po wojnie, aby "odetchnąć trochę czystym powietrzem", postanawia wrócić do samotności "opuszczonego kraju" Alpes-de-Haute-Provence. Ze zdziwieniem zauważa, że na dawniej nagich wzgórzach wyrósł las i znajduje Elzéarda Bouffiera w doskonałym zdrowiu. Pasterz został pszczelarzem i nadal sumiennie wykonuje swoje zadanie sadzenia, niezachwiane mimo lat wojny. Po dębach zasadził buki i brzozy. W naturalnej reakcji obecność drzew przywróciła wodę do gleby, a ta dotarła do martwej wioski poniżej.

Od 1920 roku narrator będzie regularnie odwiedzał staruszka, który mimo przeszkód niestrudzenie realizuje swój projekt. Stopniowo las, który pojawił się znikąd, staje się przedmiotem rozmów. Władze administracyjne, które uważają, że pojawił się on w sposób naturalny, postanawiają oddać las "pod ochronę państwa". Narrator przedstawia Elzéarda Bouffiera przyjacielowi, który jest jednym z głównych leśników i wyjawia mu prawdę, aby las i dzieło starca były chronione przed drwalami i wylesianiem.

Narrator spotyka pasterza po raz ostatni w 1945 roku. Region został całkowicie przekształcony i z trudem rozpoznaje miejsce swoich dawnych wędrówek: wioski zostały odbudowane, osiedliły się w nich rodziny, zwłaszcza w wiosce Vergons, która jest nie do poznania. Surowość klimatu i dzikość mieszkańców zostały zastąpione łatwym życiem. Teraz cały kraj "kwitnie z przepychem i łatwością": około 10 000 mieszkańców regionu znalazło szczęście dzięki Elzéardowi Bouffierowi, który umiera w hospicjum w Banon w 1947 roku.

STUDIUM POSTACI

ELZÉARD BOUFFIER

Elzéard Bouffier jest "człowiekiem, który sadził drzewa", centralną postacią opowiadania, i jest przedstawiony przez Giono jako ktoś, kto istniał naprawdę, mimo że jest całkowicie fikcyjny. Ma 55 lat, gdy narrator poznaje go w 1913 roku, a 87 lat, gdy widzi go po raz ostatni w 1945 roku. Umiera w hospicjum w 1947 roku w wieku 89 lat.

Zwykły człowiek...

Po stracie żony i syna wycofał się w góry, gdzie został pasterzem. Jest człowiekiem samotnym i spokojnym, który nie mówi wiele, ale wydaje się "pewny siebie i w tej pewności". Jego dom jest skromny, a wewnątrz czysty i schludny. Prowadzi proste i skromne życie, i całkiem naturalnie oferuje narratorowi łóżko i wyżywienie, zgodnie z podstawowymi zasadami gościnności. Oprócz pracy pasterza, starzec postawił sobie za zadanie zasadzenie lasu w regionie, który jest dziki i jałowy. Temu właśnie poświęca swoje dni w górach, a pracę wykonuje metodycznie i skromnie przy pomocy prostej żelaznej laski.

...który osiąga niezwykłe rzeczy.

Portret pasterza w wykonaniu narratora jest pełen pochwał: dominuje rejestr laudacyjny. Użycie superlatywów, przysłówków intensywności i leksykonu melioracyjnego podkreśla "wyjątkowe cechy" tej postaci, które paradoksalnie wynikają z jej prostoty: jego "działanie pozbawione jest wszelkiego egoizmu"; jego zachowanie jest "bezbrzeżną szczodrością"; wykazuje się "uporem w realizacji tego wspaniałego aktu szczodrości" i "stałością [...] wielkością duszy i [...] bezinteresownym poświęceniem"; a nawet "wie o takich rzeczach dużo więcej niż ktokolwiek". Narrator ujawnia wielkie zdziwienie i wielki podziw dla działań Elzéarda Bouffiera, do tego stopnia, że porównuje go do boskiego stworzenia. Oprócz użycia terminów "stworzenie" i "dzieło" stwierdza, że starzec jest "atletą Boga" i że "wiedział, jak doprowadzić do dzieła godnego Boga". Jego dzieło jest tak niezwykłe, jakby pochodziło z mocy nadprzyrodzonej: Elzéard "potrafił przemienić pustynię w tę ziemię Kanaan", korzystając jedynie z "własnych prostych zasobów fizycznych i moralnych". Tylko siłą swoich rąk i determinacją, bez żadnej innej pomocy poza siłą woli, był w stanie wznieść się na ten sam poziom co Bóg. Zasięg jego pracy jest wręcz niezmierzony: w wyniku stworzenia lasu (który ciągnie się kilometrami) następuje naturalna reakcja łańcuchowa. Wraca woda, a za nią roślinność, naturalne cykle i łagodność klimatu, przenoszą się tam rodziny, na nowo tworzą się więzi społeczne, pojawiają się kultury i gospodarstwa; jednym słowem, pojawia się szczęście.

W ten sposób Elzéard Bouffier jest "nieobytym chłopem", pasterzem, który uosabia postać artysty lub postać proroka (imię Elzéard przypomina Eleazara, co oznacza "tego, który ma wsparcie Boga"). Symbolizuje również wartości humanistyczne: hojność i bezinteresowność, pracę i szacunek dla przyrody. Trzyma w ręku klucz do ludzkiego szczęścia, udało mu się nadać sens swojemu życiu i w ogóle ludzkiej kondycji, prowadząc mieszkańców regionu ku dobrobytowi i pokojowi.

NARRATOR

Biorąc pod uwagę, że tekst przedstawiony jest jako relacja z doświadczeń autora, ten ostatni dzieli z narratorem wiele podobieństw. Doświadczenie "wojny 14 […], w którą byłem zaangażowany przez pięć lat" jako "piechur" jest autobiograficzne, podobnie jak udział w bitwie pod Verdun, o której jest mowa. Rodzinnym regionem narratora i miejscem, w którym wraca do swoich korzeni, jest dolina Durance, otoczona górami. Podobnie jest u Giono, który sławi ten region w wielu utworach. Pozycje ideologiczne narratora są pozycjami samego autora, zarówno jeśli chodzi o leżące u podstaw potępienie wojny, jak i wiejską utopię, która zostaje naszkicowana na końcu opowiadania.

Narrator pełni w narracji także rolę świadka i pomocnika. To on pomaga chronić pracę i spokój pasterza, w szczególności wstawiając się za nim u swojego przyjaciela leśniczego, bo ten "rozumiał wartość rzeczy". Na tym poziomie następuje rozłączenie narratora i autora.

ANALIZA

NOTKA BIOGRAFICZNA, CZYLI CHĘĆ OSZUKANIA

Jean Giono podtrzymywał mit Elzéarda Bouffiera i przez długi czas twierdził, że przytoczone fakty są prawdziwe. Dopiero w 1957 roku, w liście do zarządcy wód i lasów w Digne, autor ujawnił oszustwo: Elzéard Bouffier jest postacią wymyśloną, stworzoną po to, by zainspirować ludzi i skłonić ich do sadzenia drzew. W rzeczywistości opowiadanie jest skonstruowane jako nota biograficzna: relacjonuje, poprzez precyzyjną chronologię, główne wydarzenia z życia Elzéarda Bouffiera i kreśli jego moralny i fizyczny portret. Ponadto zamyka się śmiercią starca, a niektóre słowa pochwały narratora przypominają epitafia, a czasem sprawiają, że narracja wydaje się być żałobną eulogią. Efekty realności oddaje zwłaszcza wpisanie opowieści w precyzyjną scenerię historyczną i geograficzną.

- Lokalizacja geograficzna, która jest wyszczególniona precyzyjnie i natarczywie, użycie prawdziwych toponimów (jak wioska Vergons) i odniesienia do miejsc, które naprawdę istnieją (jak hospicjum w Banon) zakotwiczają narrację w rzeczywistości:

> *"Region ten jest ograniczony na południowym wschodzie i południu przez środkowy bieg Durance, między Sisteron i Mirabeau; na północy przez górny bieg Drôme, od jego źródła w dół do Die; na zachodzie przez równiny Comtat Venaissin i obrzeża Mont Ventoux. Obejmuje całą północną część Département of Basses-Alpes, południe Drôme i małą enklawę Vaucluse."*

- Osadzenie czasowe, oparte na skrupulatnym datowaniu (1913, "od trzech lat", 1920, 1933, 1935, 1945 i 1947), przeplata rzeczywistość historyczną, epizody autobiograficzne i epizody z życia Elzéarda Bouffiera, ustanawiając w ten sposób precyzyjne chronologiczne punkty odniesienia. Historyczne odniesienia do pierwszej i drugiej wojny światowej pomagają zakotwiczyć narrację w rzeczywistości.

Wreszcie, testimonialny charakter opowiadania odnosi się do urządzenia literackiego, którego celem jest stworzenie iluzji autentycznej narracji, o tyle, że narracja pierwszoosobowa najbardziej skłania czytelnika do uwierzenia w nią.

PRZYPOWIEŚĆ HUMANISTYCZNA

Można porównać to bardzo krótkie opowiadanie (około 10 stron) do przypowieści lub bajki, mimo jego realistycznego zakotwiczenia. Przypowieść, podobnie jak bajka, jest narracją alegoryczną, która pod przykrywką pozornie nieistotnej lub zabawnej anegdoty ilustruje jakąś prawdę moralną. Bywa wykorzystywana do celów religijnych, zwłaszcza w Biblii. Rzeczywiście, wymiar biblijny i religijny jest tu obecny, zarówno w odniesieniach ("teraz Łazarz wyszedł z grobu" odnosi się do epizodu w Biblii "ziemia Kanaan" to biblijna nazwa regionu Bliskiego Wschodu, odpowiadająca mniej więcej współczesnemu Izraelowi i Palestynie), jak i w postaci Elzéarda Bouffiera, "twórcy". Symbolicznie drzewo łączy świat ziemski (jego korzenie zagłębiają się w ziemi) i niebiański (jego korona rozciąga się ku niebu), zwłaszcza że narrator sytuuje region "na wysokości około 1200 do 1300 metrów nad poziomem morza". Tekst jest więc przesiąknięty pewną duchowością.

Ale, bardziej ogólnie, *Człowiek, który sadził drzewa* jest przypowieścią humanistyczną, o tyle, że opowiedziana historia ilustruje istotne wartości moralne i pozwala czytelnikowi na refleksję nad człowiekiem:

- Przypowieść ilustruje cnoty milczenia (motyw milczenia przewija się przez cały tekst: wymowne milczenie starca i jego lakoniczne rozmowy z narratorem stoją w opozycji do "bezużytecznych słów" delegacji administracyjnej), bezinteresowności (jedynym celem hojności starca, który sadzi drzewa, jest przywrócenie życia okolicy: nie aspiruje on do uznania – jedynymi osobami, które wiedzą, że las jest jego dziełem, są narrator i jego przyjaciel – ani do czerpania korzyści z jego przedsięwzięcia), pracy i prostoty (starzec żyje czysto, zadowalając się tym, co konieczne, i unikając wszystkiego, co zbędne). Podkreśla altruizm starca, który paradoksalnie wynika z samotnej akcji prowadzonej na marginesie kontaktów międzyludzkich i postępu technicznego.

- Ilustruje również sztukę bycia szczęśliwym, łącząc harmonię wewnętrzną (starzec, który przez lata sadzi swoje drzewa, "znalazł wesoły sposób na bycie szczęśliwym"), harmonię z naturą (w pewnym sensie Elzéard Bouffier wspomaga naturalny proces narodzin lasu, który opiera się tylko raz, gdy umierają klony) i harmonię społeczną (mieszkańcy wioski tworzą pod koniec narracji małą, spokojną wspólnotę). Te trzy wymiary współgrają ze sobą w narracji, ponieważ to właśnie poprzez swój "sposób bycia szczęśliwym" (sadzenie drzew), całkowicie osobisty i samotny ciężar, starzec umożliwia szczęście mieszkańcom regionu. Tylko drzewa są łącznikiem między nimi, nie mają bezpośredniego kontaktu. Ponadto starzec stworzył bujne i hojne środowisko naturalne, umożliwiając tym samym prowadzenie wiejskiego życia w harmonii z żywiołami. Sztuka szczęśliwego życia Elzéarda Bouffiera pozwala dać życie lasowi, który z kolei wprowadza harmonię w życie mieszkańców wsi.

ZNISZCZENIE KONTRA TWORZENIE

Możliwa jest również historyczna lektura opowiadania, w związku z jego parabolicznym wymiarem. *Człowiek, który sadził drzewa* wydaje się bowiem utopijnym sobowtórem, który odwraca i chroni przed traumatycznym doświadczeniem dwóch wojen światowych. Z pewnością nie jest przypadkiem, że narracja rozpoczyna się tuż przed I wojną światową (1913), a kończy pod koniec II wojny światowej (1945-1947). Życie Elzéarda Bouffiera biegnie pod prąd katastrofom jego czasów.

Między "stworzeniem" Elzéarda Bouffiera, źródłem życia, a "zniszczeniem" spowodowanym dwiema kolejnymi wojnami, źródłem śmierci, pojawia się antytetyczna paralela: "Kiedy pomyślałem, że to wszystko wyszło spod ręki i z duszy tego jednego człowieka – bez pomocy technicznej – uderzyło mnie, że ludzie mogą być równie skuteczni jak Bóg w dziedzinach innych niż zniszczenie". Odcięty od świata, z dala od dźwięków i furii epoki, człowiek ten wydaje z siebie powietrze spokoju i pogody ducha, które kontrastuje z tym, co dzieje się na polach bitew ("Towarzystwo tego człowieka przyniosło mi uczucie spokoju"). Oczywiście paralela pozostaje nienachalna i domyślna: wojna pojawia się tylko w tle, ukryta przez niezwykłą pracę Elzéarda Bouffiera, która obejmuje tysiące drzew i wiele mil pokrytych lasem. Można jednak wykryć punkty styczne między tymi dwoma uniwersami. Kiedy pasterz pokazuje narratorowi "drzewka brzózek, które pochodzą sprzed pięciu lat, to znaczy z 1915 roku, kiedy walczyłem pod Verdun", drzewa zostają spersonifikowane: są "delikatne jak młode dziewczyny i bardzo zdecydowane". Poprzez metaforyczne echo brzozy te reprezentują młodych, świeżych i odważnych mężczyzn, których życie zostało ścięte pod Verdun. Podobnie narrator wyjaśnia: "Las nie narażał się na żadne poważne ryzyko z wyjątkiem wojny 1939 roku. Wtedy samochody były napędzane alkoholem drzewnym, a drewna nigdy nie było dość. Zaczęto wycinać niektóre drzewostany z dębami z 1910 roku…". Tekst ten można powiązać z innymi tekstami: w powieści *Do rzeźni* Giono ubolewa nad masakrą drzew spowodowaną przez wojnę, opisuje pustynnienie zrujnowanych wsi i miasteczek na froncie. W związku z tym pustynny krajobraz i wioski widma w pierwszej części opowiadania mogą odzwierciedlać osobiste wspomnienia autora. Rzeczywiście, te ziemie również wydają się być dotknięte katastrofą ("najzupełniejsze spustoszenie", "szkielet opuszczonej wsi", "zniknęło wszelkie życie", "zwłoki domów", "ta ziemia ogołocona ze wszystkiego" itp.)

Jako taki, las może symbolizować odrodzenie i zmartwychwstanie rasy ludzkiej w niebezpieczeństwie. Okropności wojny wymazały samą ideę człowieczeństwa, a człowiek musi zostać przemyślany i odbudowany. Twórczość Elzéarda Bouffiera, cud odrodzenia symbolizowany przez wskrzeszenie Łazarza, prowadzi do szkicu wiejskiej utopii. To niemal dzieło cywilizacyjne, które stoi w opozycji do dzikości regionu i jego mieszkańców przed pojawieniem się lasu ("Są to miejsca, gdzie żyje się biednie […] Na dodatek równie nieustający wiatr drażni nerwy […] [Mieszkańcy] byli dzikusami,

nienawidzącymi się nawzajem i zarabiającymi na życie trape-
rami: fizycznie i moralnie przypominali ludzi prehistorycz-
nych [...] Ich życie było pozbawione nadziei"). Teraz wsie
pojawiają się w bukolicznej i wiejskiej atmosferze, charakte-
ryzującej się:

- łagodność klimatu ("Wszystko się zmieniło, nawet samo
  powietrze. W miejsce suchych, brutalnych podmuchów,
  które witały mnie dawno temu, szeptała do mnie łagodna
  bryza, niosąc słodkie zapachy");

- idylliczne środowisko życia ("Wiatr również działał, rozno-
  sząc pewne nasiona. Gdy woda pojawiła się ponownie,
  pojawiły się wierzby, łoziny, łąki, ogrody, kwiaty i pewien
  powód do życia");

- wspólna praca, harmonia i radość ("Strumienie zostały
  skanalizowane. Przy każdym gospodarstwie, wśród gajów
  klonowych, baseny fontann obrzeżone są dywanami świe-
  żej mięty. Stopniowo odbudowywano wioski [...] Idąc dro-
  gami spotkasz mężczyzn i kobiety w pełni zdrowia,
  chłopców i dziewczęta, którzy umieją się śmiać i którzy
  odzyskali smak tradycyjnych wiejskich świąt").

Drzewa są gwarantami i strażnikami pokoju i szczęścia, a
także nosicielami życia i cywilizacji. Natura, która pozwala na
rozkwit życia, w przeciwieństwie do wojny, chroni ludzkość
przed jej dzikimi i destrukcyjnymi ekscesami. Autor zachęca
ludzi, by zamiast stosować swoją destrukcyjną siłę, rozwijali
swój twórczy potencjał.

W KIERUNKU ZAKTUALIZOWANEJ LEKTURY: ZAANGAŻOWANIE EKOLOGICZNE

Choć mówienie o zaangażowaniu ekologicznym, w politycznym sensie tego pojęcia, może być nieco anachroniczne, to jednak zaktualizowane odczytanie *Człowieka, który sadził drzewa* jest możliwe dzięki jego parabolicznemu, a więc uniwersalnemu, charakterowi. Głównym przesłaniem jest oczywiście apel o sadzenie drzew w celu walki z pustynnieniem ziemi i wylesianiem, a także jako symbol życia i woli wykonywania pracy, która przyniesie korzyść przyszłym pokoleniom. W pewnym sensie znaczenie opowieści rozwinęło się z czasem, ponieważ kwestie ekologiczne i środowiskowe znajdują się w centrum współczesnych debat obywatelskich i politycznych. Masowe wylesianie i związane z nim liczne problemy ludzkie i środowiskowe czynią z *Człowieka, który sadził drzewa* boleśnie aktualny manifest na rzecz ochrony naszego dziedzictwa przyrodniczego. W opowiadaniu wyśmiewane są władze i przedstawiciele państwa, a ich działania wydają się próżne i niekonsekwentne, podczas gdy praca jednego człowieka ma znaczenie dla pokoleń. Moglibyśmy dziś odczytać w tym krytykę polityki ekologicznej naszych przywódców i pochwałę powrotu do natury w świecie pozbawionym wartości i zagrożonym przez niepohamowaną industrializację.

Jedno z odczytań opowiadania podkreśla pozytywne działanie człowieka na jego środowisko i harmonię między człowiekiem a przyrodą, co skutkuje społeczną harmonią między ludźmi. Jest to oczywisty ideał ekologiczny. Należy wyraźnie zaznaczyć, że ta idea natury nie jest powszechnie przyjęta w twórczości Giono i że *Człowiek, który sadził drzewa* jest odrębnym tekstem, jak wykazali niektórzy krytycy. W każdym razie miłość do drzew jest sednem przesłania przekazywanego przez opowiadanie, przekraczającego różne poziomy lektury.

DALSZA REFLEKSJA

KILKA PYTAŃ DO PRZEMYŚLENIA...

- Kim jest Elzéard Bouffier? Co mógłby reprezentować? Jakie jest znaczenie jego twórczości?

- W jaki sposób można powiedzieć, że ten tekst jest przypowieścią? Jakie jest znaczenie tej przypowieści?

- Twoim zdaniem, jakie główne przesłanie niesie to opowiadanie?

- Jakie miejsce w narracji zajmuje narrator? Jak postrzega on twórczość Elzéarda Bouffiera?

- Usytuuj *"Człowieka, który sadził drzewa"* w stosunku do innych prac Giono. Czy jego stosunek do natury jest taki sam?

- Co symbolizuje drzewo w ogóle? Jakiej symboliki nabiera ono w szczególności w uniwersum Giono?

- Jakie powiązania można znaleźć między opowiadaniem a pewnymi aktualnymi tematami dotyczącymi ochrony środowiska?

- Czy wzmianka o wojnie wydaje Ci się ważna w narracji?

DALSZE CZYTANIE

WYDANIE REFERENCYJNE

Giono, J. [bez daty]. *Człowiek, który sadził drzewa*. [Online]. Trans. Doyle, P. [dostęp: 24 października 2016]. Dostępny w: <http://www.perso.ch/arboretum/Man_Tree.htm?Submit.x=20&Submit.y=5>.

ADAPTACJA

Człowiek, który sadził drzewa (1987) [film animowany]. Frédérick Back. Dir. Canada: Canadian Broadcasting Corporation. (Dostępny online na stronie www.youtube.com)

Chcemy usłyszeć od Ciebie, co się dzieje!
Zostaw komentarz na temat swojej internetowej biblioteki
i podziel się swoimi ulubionymi książkami w mediach społecznościowych!

Wydawca zapewnia o wiarygodności publikowanych informacji, co jednak nie może wiązać się z jego odpowiedzialnością.

www.50minutes.com

Master ISBN: 9782808694896
Papierowy ISBN: 9782808616294
Depozyt prawny: D/2023/12603/1909

Verhaal: © Primento

Projekt cyfrowy: Primento, cyfrowy partner wydawców.